Ernst Ferstl

STANDPUNKTE

Aphorismen

© 2020 Ernst Ferstl

Herstellung und Verlag: BoD – Books on Demand,
   Norderstedt, 2020

ISBN: 9783751903707

Copyright Aphorismen: Ernst Ferstl
   www.gedanken.at

Layout: Angelika Ferstl

Gute Gedanken

sind nicht immer schön,

aber schöne Gedanken

sind immer gut.

* * *

Der wichtigste Schritt

zur Zufriedenheit

ist die Dankbarkeit.

* * *

Wer immer recht haben will,

darf es mit der Wahrheit

nicht so genau nehmen.

* * *

Gewohnheiten geben wir

nur auf, wenn sie uns

nichts mehr geben.

Die Stille kann uns

die Tür öffnen

zu neuen Einsichten.

Wer den Ton angibt,

sollte besonders

auf den Umgangston achten.

Wichtigtuer wollen

durch ihr Getue

Taten vortäuschen.

Wer den inneren Schweinehund

immer tierisch ernst nimmt,

ist ein Esel.

Manches bekommt man

erst in den Griff, wenn man

die Finger davon lässt.

* * *

Was die Stille

am allerbesten kann:

Zuhören.

* * *

Wer sich vom Leben

zu viel oder zu wenig

erwartet, ist oft auf der

Verliererstraße unterwegs.

* * *

Ärgernisse: Erfahrungen

mit Frustrationshintergrund.

Gewohnheiten

erleichtern das Leben,

aber sie erschweren

die Lebendigkeit.

* * *

Ich habe eine Sehschwäche:

Ich bin nachsichtig.

* * *

Menschen, die sich nicht

über den Weg trauen,

bauen keine Brücken

zueinander.

* * *

Mangelndes Vertrauen

gibt es leider

im Überfluss.

Nachtragende Menschen

tun sich schwer,

Ballast abzuwerfen.

◦ ◦ ◦

Das Naheliegende liegt uns

oft gar nicht so am Herzen.

◦ ◦ ◦

Menschen,

die uns nicht

aus dem Sinn gehen,

sollten wir einen Sitz-

oder Liegeplatz anbieten.

◦ ◦ ◦

Wenn wir Wichtiges links

liegen lassen, steht es uns

irgendwann im Weg.

Einen Standpunkt vertreten
kann man erst, wenn man
einen hat.

* * *

Lügner wollen nicht
als solche
wahrgenommen werden.

* * *

Auf die schweigende Mehrheit
hört niemand, nicht einmal,
wenn sie zum Himmel schreit.

* * *

Der Überfluss liebt es,
über die Ufer zu treten.

Eine Oase ohne Wüste

ist keine Oase,

eine Wüste ist auch

ohne Oase eine Wüste.

* * *

Verschlossene Menschen

sind wie ungeöffnete Pakete.

* * *

Undankbarkeit ist Gift

für die Zufriedenheit.

* * *

Die Einbildung bildet sich ein,

dass sie ohne Ausbildung

auskommt.

Gleichgültigkeit schützt vor
Zeitgenossen, die einen sonst
auf die Palme bringen würden.

* * *

Für den Weg ins Verderben
ist kein Navi nötig.

* * *

Gebote muss man nicht lieben –
man sollte aber auch nicht
unter ihnen leiden.

* * *

Die auf dem hohen Riss sitzen,
stellen gern herablassende Fragen
und geben gern
herablassende Antworten.

Herzlichkeit

lässt sich nicht

delegieren.

* * *

Sinkt die Moral,

steigt die Niedertracht.

* * *

Die guten Eigenschaften

eines Menschen kommen

nicht bei allen gut an.

* * *

Immer mehr sind

auf ihrem Lebensweg

Richtung Orientierungslosigkeit

unterwegs.

Spaßvögel verstehen keinen Spaß,

wenn man nicht über ihre Späße

lacht.

* * *

Das Gefühl,

Wichtiges zu versäumen,

fühlt sich nicht gut an.

* * *

Die schöne, freie Natur wird

in immer mehr Gebieten

in schöne Zwangsjacken

gesteckt.

* * *

Gewinnen muss man wollen,

verlieren muss man können.

Manchmal muss man sich

querlegen,

wenn man aufrichtig sein will.

* * *

Wer seine Schwächen

gut kennt, kann sie

besser verkraften.

* * *

Wer mehr Glück

als Verstand hat,

sollte darüber nicht

unglücklich sein.

* * *

Gilt das Rauchverbot

auch für Friedenspfeifen?

Der Zufall ist zwar unberechenbar,

aber man muss immer

mit ihm rechnen.

* * *

Die Wahrheit liegt in der Mitte.

Wenn sie in der Mitte

stehen würde, könnte man sie

viel besser wahrnehmen.

* * *

Gefühle sind nachhaltiger

als Gedanken.

* * *

Es macht auf Dauer

kein Vergnügen,

wenn Vergnügungen zur Flucht

vor sich selbst dienen.

Die großspurig daherreden,

sind oft ziemlich

kleinspurige Denker.

＊ ＊ ＊

Auch das Nächstenliebe Üben

will geübt sein.

＊ ＊ ＊

Wer sich jegliche Dankbarkeit

ersparen will,

darf keine Geschenke

annehmen.

＊ ＊ ＊

Gute Menschen haben bereits

dann ein schlechtes Gewissen,

wenn ihnen bewusst wird,

dass sie nichts getan haben.

Auf manche Gedankenlosigkeiten
muss man erst einmal kommen.

⚬ ⚬ ⚬

Dankbarkeit kann
das Tor zur Zufriedenheit
öffnen.

⚬ ⚬ ⚬

Man kann nicht allen,
die einem im Weg stehen,
aus dem Weg gehen.

⚬ ⚬ ⚬

Fragen, auf die wir
keine Antwort bekommen,
sollten wir von Zeit zu Zeit
immer wieder neu stellen.

Ohne Fortschritte
geht nichts weiter.

* * *

Wir sollten es uns
zur Gewohnheit machen,
gelegentlich auch uns selbst
zu verwöhnen.

* * *

Die Wege der Zufriedenheit
und der Dankbarkeit
kreuzen sich sehr oft.

* * *

Querdenker müssen
keinen Querkopf haben,
ein Denkerkopf genügt.

Was viele Menschen

längere Zeit bewegt,

hat gute Chancen,

eine Bewegung zu werden.

* * *

Wächst das Vertrauen,

traut man sich mehr zu.

* * *

Lebensfreude ist ein wichtiges

Lebensmittel.

* * *

Ist die Gürtellinie

deutlich zu hoch,

steigt die Gefahr,

Tiefschläge einstecken

zu müssen.

Wer denken kann,

weiß sich

mit jedem Gedankenanstoß

etwas anzufangen.

* * *

Geübte Nachdenker

können gut vorausdenken.

* * *

Ein Mangel an Selbstvertrauen

führt unweigerlich

zu einem Überfluss an Misstrauen.

* * *

Menschen, die ihre eigene

Meinung vergessen,

kann man vergessen.

Wer mit Gedanken spielen will,

braucht Wörter, die mitspielen.

♦ ♦ ♦

Die Intelligenz sagt uns,

dass es gelegentlich

besser ist, den Mund

zu halten.

♦ ♦ ♦

Barrierefreies Bauen

setzt sich langsam durch,

beim barrierefreien Denken

wird es noch lange dauern.

♦ ♦ ♦

Die uns verheizen wollen,

haben ausgespielt,

wenn wir sie kalt erwischen.

Was wir aus unseren Augen

verlieren, ist damit

noch nicht verschwunden.

* * *

Auch ein umgänglicher Mensch

kann einem gelegentlich

auf die Nerven gehen.

* * *

Die Mode zeigt es:

Frauen sind eindeutig

bessere Verpackungskünstler

als Männer.

* * *

Auch belastbare Beziehungen

sollten nicht unnötig

Lastenträger werden.

Wer sein Leben

meistern will,

muss ein Leben lang

üben.

    ❀   ❀   ❀

Gute Ausreden sollten

gut überlegt sein.

    ❀   ❀   ❀

Tiefe Gefühle gehören

zu den Gipfeln

menschlichen Glücks.

    ❀   ❀   ❀

Von Zeit zu Zeit

sollten wir uns

mit stillen Momenten

belohnen.

Was man nicht

auf die leichte Schulter

nehmen kann,

muss man ertragen.

⚬ ⚬ ⚬

Gedankenlosigkeit

ist nicht meine Stärke.

⚬ ⚬ ⚬

Die Tür zur Kirche ist oft

verschlossen, die Tür zu Gott

ist immer offen.

⚬ ⚬ ⚬

Wir brauchen keine

Außerirdischen,

es gibt bereits genug

Andersirdische.

Willst du die Stille

hören,

musst du schweigen.

    ⚫ ⚫ ⚫

Toleranz heißt nicht,

dass man jedem

recht gibt.

    ⚫ ⚫ ⚫

Wer anders lebt,

denkt wahrscheinlich

auch anders.

    ⚫ ⚫ ⚫

Ich führe ein Doppelleben:

Auf der einen Seite

bin ich lieb und nett,

auf der anderen ganz normal.

Man braucht keinen Ball,

um sich ein Eigentor

zu schießen.

* * *

Glauben und Aberglauben

liegen näher beieinander,

als wir glauben.

* * *

Dass früher alles

besser oder schlechter war,

heißt eigentlich nur,

dass es anders war.

* * *

In einer Wegwerfgesellschaft

ist es üblich, Menschen

fallen zu lassen.

Egoisten haben viel

auszuhalten,

vor allem sich selbst.

Immer weniger Menschen

können Kopfrechnen –

klar, denn dazu braucht man

Köpfchen.

Gescheite Dummköpfe fordern –

bisher vergeblich –

eine geistige Grundsicherung.

Halbherzige Entscheidungen

sind immer viel weniger

als die Hälfte wert.

Ich bin 177 cm.

Wenn ich auf 180 bin,

bin ich also 3 cm außer mir.

* * *

Was man mit dem Herzen

versteht, braucht man

nicht mehr zu überdenken.

* * *

Manche Menschen

hört man gern reden,

andere lieber schweigen.

* * *

Unter den Lügnern

gibt es auch welche,

die gelegentlich

relativ ehrlich sind.

Viele verschieben

das Nächstenliebe Üben gerne

auf die nächsten Wochen.

Wer etwas bewegen will,

muss beweglich sein

und bleiben.

Herzensgute Menschen

tun nicht allen gut.

Konsequent inkonsequent

zu sein, ist alles andere

als eine Charakterstärke.

Der gesunde Menschenverstand
gehört bei vielen Menschen leider
nicht mehr zur Grundausstattung.

Weil wenige fast alles besitzen,
bleibt für sehr viele
nur noch wenig übrig.

Nachbeter können sich
das Nachdenken
ersparen.

Ehrlichkeit ist ein Zeichen
von Stärke.

Wer zu lange nach dem Sinn
des Lebens sucht, verliert
wertvolle Zeit, dem Leben
einen Sinn zu geben.

* * *

Der Verstand will wissen,
Gefühle wollen spüren.

* * *

Wer viele Wege und Umwege
geht und gegangen ist,
ist auf vielen Gebieten
bewandert.

* * *

Wer aus Erfahrung
reden kann,
redet weniger Unsinn.

Hört man lange nichts

voneinander,

verliert man sich

auch aus den Augen.

· · ·

Vorurteile weichen

den Nachdenkenden aus.

· · ·

Wer seine Schwächen

schönredet, schwächt

seine Glaubwürdigkeit.

· · ·

Die Wahrheit denken

ist leichter

als die Wahrheit sagen.

Die schweigende Mehrheit
ist nicht mehrheitsfähig.

* * *

Nicht alle, die es
gut mit uns meinen,
tun uns auch gut.

* * *

Solange unsere Gewohnheiten
das Sagen haben,
ändert sich unsere Lebensweise
nicht.

* * *

Wer belächelt wird,
hat nichts zu lachen.

Wir lernen mit jeder Erfahrung
dazu – von Fall zu Fall.

* * *

Es sind die Oasen,
von denen die Wüsten
träumen.

* * *

Manchmal braucht man
die Gedanken anderer,
um auf andere Gedanken
zu kommen.

* * *

Unser Herz ist schlauer
als wir denken.

Jeder Tag

ist etwas Besonderes,

auch wenn ganzen Tag

nichts Besonderes passiert.

        • • •

Wer aus Erfahrung spricht,

redet anders.

        • • •

Wenn eine Dummheit

nicht mehr größer

werden kann,

macht sie sich breit.

        • • •

Es ist ein riesiger Unterschied,

ob man in Dur oder Moll

schweigt.

Humorvolle Menschen
können ihre Gedanken
besser und leichter
bei guter Laune halten.

·   ·   ·

Wer nicht viel denkt,
hat leicht reden.

·   ·   ·

Ist ein Gedanke tief,
kann man lange
über ihn nachdenken.

·   ·   ·

Der Aberglaube ist auch
deswegen so beliebt,
weil er keine Kirchensteuer
einhebt.

Man kann seine Meinung

nur ändern, wenn man

bereits vorher

eine gehabt hat.

Wer viel vergisst,

hat viel Platz für Neues.

Die Wahrheit kann

überall liegen,

nicht nur in der Mitte.

Wer zart besaitet ist,

sollte nicht immer

die erste Geige

spielen wollen.

Nur die Kopflosen

zerbrechen sich nie

den Kopf.

⚬ ⚬ ⚬

Die Leichtgläubigen

tun sich sehr schwer,

etwas in Zweifel zu ziehen.

⚬ ⚬ ⚬

Man sollte immer

genau wissen,

wie weit man

zu weit gehen darf.

⚬ ⚬ ⚬

Wer sich viele Gedanken

macht,

macht sich verdächtig.

Weltuntergang?

Wir haben genug

andere Sorgen!

* * *

Wer anderen nichts zutraut,

hält sich für besser

und gescheiter.

* * *

Menschen, die uns

die Zeit stehlen,

haben es nie eilig.

* * *

Menschen, die uns

verheizen wollen,

sollten wir sofort

auf Eis legen.

Was wir falsch gemacht haben,

sehen wir meistens gleich,

was wir richtig gemacht haben,

oft erst später.

* * *

Egoisten träumen davon,

dass alle anderen

keine Egoisten sind.

* * *

Tiefe Gespräche

graben sich ein.

* * *

Wenn es um die eigenen

Vorteile geht, verkleinert sich

die Nächstenliebe

um ein großes Stück.

Lebenswichtig ist,

dass sich die Zukunft

in unserer Gegenwart

wohl fühlt.

　·　·　·

Der Kopf der Hinterhältigen

ist voller Hintergedanken.

　·　·　·

Ausgekochte Leute

darf man nie

wie ein rohes Ei

behandeln.

　·　·　·

Manche Leute sind

ihrer Dummheit

nicht gewachsen.

Wer in einem anderen Licht
erscheinen will, braucht nur
über den eigenen Schatten
zu springen.

Man kann sich
seine Schwächen
nicht aussuchen.

Es gibt viele Wegweiser
Richtung Himmel, aber
nur eine Himmelsrichtung.

Die glauben, einem predigen
zu müssen, sollte man
umgehend ins Gebet nehmen.

Die Absicht hinter einer Ansicht
wird meistens absichtlich
vertuscht.

◦ ◦ ◦

In einer liebevollen Beziehung
gehen das Zusammen-Wachsen
und das Zusammenwachsen
Hand in Hand.

◦ ◦ ◦

Menschen, in deren Nähe
es uns warm ums Herz wird,
sollten wir uns warmhalten.

◦ ◦ ◦

Die Grenzen zwischen
Trinken und Saufen
sind fließend.

Was wir durchschauen,

gewinnt oder verliert

an Bedeutung für uns.

⚜ ⚜ ⚜

Die Karten sagen,

dass eh alles

in den Sternen steht.

⚜ ⚜ ⚜

Wer jammert,

ist wenigstens noch nicht

total verzweifelt.

⚜ ⚜ ⚜

Die meisten Menschen

unterschätzen, was sie haben

und überschätzen,

was sie nicht haben.

Ist das Maß voll,

sollte man trotzdem

maßvoll darauf reagieren.

* * *

Auf dem falschen Fluss

ist kein Dampfer

der richtige.

* * *

Manche Enttäuschungen

können so groß sein,

dass sie einem stumm machen.

* * *

Wer an seine Grenzen

gehen will,

muss seine Wohlfühloase

verlassen.

Wo eitel Sonnenschein

und Wonne herrschen,

gibt es die rosaroten Brillen

kostenlos.

◌ ◌ ◌

Der Fortschritt kennt

keinen Leerlauf und

keinen Rückwärtsgang.

◌ ◌ ◌

Wenn die Begeisterung

in Fanatismus umschlägt,

verliert sie

jede Glaubwürdigkeit.

◌ ◌ ◌

Wo Gedankenlosigkeit ist,

herrscht Unwissenheit.

Nur wer seine Grenzen kennt,

kann sie auch anerkennen.

* * *

Sensible Menschen können

von außen und von innen

zuhören.

* * *

Ein Leben ohne Gedanken

ist wie ein Wald

ohne Bäume.

* * *

Stimmt die Chemie zwischen

zwei Menschen überhaupt nicht,

besteht eine beträchtliche

Explosionsgefahr.

Wer die Zeit totschlägt,

verletzt viele Augenblicke.

* * *

Wer viel vorhat,

hat auch noch

einen langen Weg

vor sich.

* * *

Das Unauffällige

wird auffallend oft

unterschätzt.

* * *

Wer sich gehen lässt,

läuft Gefahr,

sich auch fallen zu lassen.

Wer etwas durch die Blume

sagen will, sollte auf Eisblumen

verzichten.

⚫ ⚫ ⚫

Manche Menschen

verlaufen sich sogar,

wenn sie in sich gehen.

⚫ ⚫ ⚫

Freude macht freundlich,

Hass macht hässlich.

⚫ ⚫ ⚫

Wer glaubt,

immer Recht zu haben,

glaubt gar nicht,

wie viele andere

das auch glauben.

Viele Menschen

merken gar nicht,

wie gut es ihnen geht.

      ⁕ ⁕ ⁕

      Der Tag liebt die Sonne,

     die Nacht liebt die Sterne.

      ⁕ ⁕ ⁕

Die Nachsicht

ist der Liebe näher

als die Vorsicht.

      ⁕ ⁕ ⁕

Es muss nicht immer

etwas Neues geben –

es gibt sowieso mehr

als genug Altes.

Wer nicht glauben kann,

kann auch nicht hoffen.

* * *

Was redet man mit Leuten,

die sich nichts sagen lassen?

* * *

Sensible Menschen

haben es nicht leicht:

Was anderen

vielleicht unter die Haut geht,

geht ihnen bereits mitten ins Herz.

* * *

Nichtstun

ist kein guter Anfang.

Wer das letzte Wort hat,

kann sich viele Worte

sparen.

* * *

Einen glücklichen Zufall

kann man nicht umtauschen.

* * *

Mit Menschen,

die gut zuhören können,

versteht man sich besser.

* * *

Ohne Zärtlichkeit

verliert die Liebe

ihre Sinnlichkeit.

Auf dem richtigen Weg

sind auch kleine Schritte

zielführend.

● ● ●

Hat man das Nachsehen,

kommt jede Vorsicht

zu spät.

● ● ●

Manchmal hat man viel zu tun.

Wichtig ist, dass es uns

nicht zu viel wird.

● ● ●

Das Warten ertragen wir leichter,

wenn wir uns etwas Gewisses

erwarten.

Gläubige Menschen

haben andere Vorurteile

als ungläubige.

◦　◦　◦

Die uns lieben,

haben etwas an sich,

was wir erst im Laufe der Zeit

zu schätzen lernen.

◦　◦　◦

Die Personenwaage sollte nicht

als Stimmungsbarometer

missbraucht werden.

◦　◦　◦

Die Länge einer Langeweile

bestimmen wir selbst.

Wer in sich geht,

sollte auch wissen,

wie er da wieder

herauskommt.

◦ ◦ ◦

Wer ausgespielt hat,

kann einpacken.

◦ ◦ ◦

Bedenklich viele Leute

leben noch immer

unter dem täglichen

Gedankenminimum.

◦ ◦ ◦

Gegen Träume ist man

wehrlos, sobald man

einschläft.

Die Misserfolge

unfähiger Zeitgenossen

sind nie unverdient.

* * *

Bis man mit manchen Leuten

auf einen grünen Zweig kommt,

kann man sich oft

grün und blau ärgern.

* * *

Steht man auf verlorenem Posten,

sollte man eine andere Richtung

einschlagen.

* * *

Ein Aber gibt es fast immer,

aber man sollte es

nicht zu oft verwenden.

Das Fasten fällt leichter,

je mehr einem

nicht schmeckt.

* * *

Viele lassen sich das Denken

abnehmen und wundern sich,

dass ihr Denkvermögen

abnimmt.

* * *

Bei manchen Festrednern

wäre es besser gewesen,

man hätte ihnen

Schweigegeld bezahlt.

* * *

Wer eine Einsicht gewinnt,

verliert ein Vorurteil.

Der Wert einer Beziehung
zeigt sich auch darin,
wieviel Zeit sie einem
wert ist.

* * *

Wer uns hintergeht,
steht nicht hinter uns.

* * *

Die Sonnenuhr lässt sich
in den Schatten stellen,
die Uhrzeit nicht.

* * *

Wer die Rechthaber
gegen sich hat,
hat oft gar nicht
so unrecht.

Die auf den Kopf gefallen sind,

merken ihren Dachschaden

oft gar nicht.

⚬ ⚬ ⚬

Wer zu seinem Wort steht,

sollte sich keine Umfaller

leisten.

⚬ ⚬ ⚬

Wo man das Gefühl hat,

dass einem die Hände

gebunden sind,

sollte man Fersengeld geben.

⚬ ⚬ ⚬

Was uns im ersten Moment

merkwürdig erscheint,

ist es oft gar nicht.

Hat man die Nase voll,

sollte man aufpassen,

dass man nicht auch

den Mund zu voll nimmt.

* * *

Außergewöhnliche Schönheit

rennt offene Augen ein.

* * *

Gefühle können lange

jung bleiben,

aber auch sehr schnell

alt werden.

* * *

Klimaerwärmung:

Die Wintereinbrüche im Winter

unterbrechen die Frühlingsgefühle.

Es kann ins Auge gehen,

wenn wir übersehen,

dass uns jemand

nur schöne Augen macht.

· · ·

Manche Leute sind so reserviert,

dass sie eigentlich

riesige Reserven haben müssten.

· · ·

Wer sich zu viel anpasst,

verpasst

viele Überraschungen.

· · ·

Zu unserem Lebenslauf gehört

unser Lebensweg und gehören

unsere Lebensumwege.

Manchmal muss man sich
ordentlich zusammennehmen,
dass man nicht jemand
auseinandernimmt.

        ⚅ ⚅ ⚅

Wir wissen ganz genau,
was wir wissentlich
nicht wissen wollen.

        ⚅ ⚅ ⚅

Für einen Menschen,
der einem am Herzen liegt,
setzt man sich gerne ein.

        ⚅ ⚅ ⚅

Auch humorvolle Menschen
haben einen Vogel,
einen Spaßvogel.

Will man etwas wagen,

sollte man das Abwägen

sein lassen.

Mit Menschen,

die einem zusagen,

redet man gerne.

Soll eine Ausrede glaubwürdig

erscheinen, muss man sie sich

vorher einreden.

Für einen Denkanstoß

muss man niemand

vor den Kopf stoßen.

Die mit allen Wassern
gewaschen sind, haben meist
eine reine, aber keine
weiße Weste.

Wertschätzung
ist ein Mehrwertgefühl.

Wer sich auf die Socken macht,
bevor er kalte Füße bekommt,
erspart sich das Fersengeld.

Es ist ein Zeichen von Altwerden,
wenn man viel von den
alten Zeiten redet.

Die auf dem hohen Ross sitzen,

verhalten sich oft zügellos.

* * *

In jedem Menschen steckt

etwas Gutes, auch wenn

es sich dabei oft nur

um Spurenelemente handelt.

* * *

Die Erfahrung,

dass uns im Leben

nichts geschenkt wird,

bleibt einem nicht erspart.

* * *

Es gibt nicht nur gemischte Gefühle,

sondern auch gemischte Gedanken.

Wir sind in den Augen anderer

oft jemand anderer

als in unseren Augen.

◦ ◦ ◦

Dass die Fantasie oft

übers Ziel hinausschießt,

sollten wir ihr hoch anrechnen.

◦ ◦ ◦

Das Leben wird eintönig,

wenn die Macht der Gewohnheit

den Ton angibt.

◦ ◦ ◦

Wer leicht den Kopf verliert,

hat es schwer,

sich zu behaupten.

Auch Gefühle

können sich gehen lassen

oder zu weit gehen.

· · ·

Ist das Maß voll,

ist es schwierig,

maßvoll zu reagieren.

· · ·

Was die einen

dick unterstreichen wollen,

wollen die anderen

ausradieren.

· · ·

Träume können uns

die Augen öffnen,

Schlaflosigkeit auch.

Nützlichkeitsdenker

tun sich schwer,

auf andere Gedanken

zu kommen.

       Genussmittel

     sind nur in Maßen

        ein Genuss.

Wer ein Ziel im Auge hat,

sollte mit dem zweiten

auf den Weg schauen.

Verdrängte Gefühle

sind versteckte Zeitbomben.

Wir müssen uns damit

zufriedengeben,

dass wir nicht immer

zufrieden sein können.

Halbwahrheiten

haben eine lange Halbwertszeit.

Der zweite Vorname

vieler Leute ist Ego.

Sinnliche Menschen

haben meistens

einen guten Draht

zum Übersinnlichen.

Es gibt keinen Weg,

der uns allein gehört.

* * *

Wer Dankbarkeit zeigt,

braucht nicht viel

darüber zu reden.

* * *

Unsere Stärken

sprechen für sich –

und für uns.

* * *

Manchmal muss man

den Kopf hinhalten,

damit die anderen sehen,

dass wir ihnen

die Stirn bieten.

Ein guter Ruf

kommt nicht

wie gerufen.

⚫ ⚫ ⚫

Ein gemischtes Gefühl

ist eine Übergangslösung.

⚫ ⚫ ⚫

Ein Gedankenaustausch

führt nur selten

zu einer Meinungsänderung.

⚫ ⚫ ⚫

Hintergedanken

wollen gar nicht,

dass man über sie

nachdenkt.

Im Reich der Gedanken

haben die Worte

das Sagen.

＊ ＊ ＊

Zieht sich ein Gespräch

in die Länge,

fehlt es an Tiefe.

＊ ＊ ＊

Wenn wir uns

in einer Sache festlegen,

sollten wir auch

dazu stehen.

＊ ＊ ＊

Unsere Standpunkte

sollten uns nicht hindern,

aufeinander zuzugehen.

Zielstrebigkeit

ist kein Freund

langer Wege.

＊ ＊ ＊

Glückliche Momente

sind die Schokoladenseite

unserer Erinnerungen.

＊ ＊ ＊

Mit den Augen der Vergangenheit

gesehen, ist die Zukunft

eine andere Welt.

＊ ＊ ＊

Schade,

dass sich viele Leute

für nichts zu schade sind.

Die Sprache

ist ein großes Wunder,

Worte sind kleine

Mosaiksteinchen.

* * *

Weitsicht

vergrößert

die Aussichten.

* * *

Die Sucht nach Sicherheit

macht das Leben

sicher nicht sicherer.

* * *

Was nicht aufzuhalten ist,

kann man höchstens

einbremsen.

Regelmäßigkeit braucht

einen brauchbaren

Maßstab.

* * *

Vorurteile

verschweigen gern

ihre Nachteile.

* * *

Glaubwürdigkeit ist auch

eine Frage der Ehrlichkeit.

* * *

Der Weg

vom vernünftigen Denken

zum vernünftigen Handeln

kennt auch viele

Um- und Irrwege.

Wenn die Gelegenheit

kommt,

geht sie auch schon wieder.

        ⚬ ⚬ ⚬

Wer Charakter hat,

hat ihn sich erarbeitet.

        ⚬ ⚬ ⚬

Was nur wahrscheinlich

stimmt,

ist wahrscheinlich

noch nicht die ganze

Wahrheit.

        ⚬ ⚬ ⚬

Wer sich seine Schuld

nicht vergeben kann,

beichtet vergeblich.

Wer über seinen Schatten

springen will,

sollte darauf schauen,

nicht in einem Abgrund

zu landen.

* * *

Hintergedanken werden oft

nur hinter vorgehaltener Hand

ausgesprochen.

* * *

Was uns angeht,

sollten wir nie

übergehen.

* * *

Was nicht der Rede wert ist,

kostet immer zu viele Worte.

Auf der Flucht vor sich selbst,

ist einem jedes Versteck

willkommen.

· · ·

Manche Leute kann man

sich nur durch Abstand

vom Hals halten.

· · ·

Viele tun sich

mit dem Nächstenliebe Üben

schwer, weil sie einfach

viel zu wenig üben.

· · ·

Wer sich gerne Sorgen macht,

gibt sie nicht so leicht

wieder her.

Was uns den Appetit verdirbt,

hat immer einen bitteren

Beigeschmack.

*　*　*

Unser Hirn ist viel mehr

als ein Gedankenproduzent.

*　*　*

Die Zukunft lässt sich

von uns nichts gefallen,

aber mit der Vergangenheit

können wir tun,

was wir wollen.

*　*　*

Wir warten täglich neu

auf etwas Neues.

Nichtdenker

haben immer

ein Alibi.

⚬ ⚬ ⚬

Die Hoffnung

lebt vom Glauben,

den wir ihr schenken.

⚬ ⚬ ⚬

Dass vieles von selbst geschieht,

heißt nicht, dass wir nur wenig

zu tun hätten.

⚬ ⚬ ⚬

Wir wissen viel zu wenig

über das, was uns täglich

entgeht.

Wir verstecken uns gelegentlich,

obwohl uns gar niemand sucht.

· · ·

Manche Politiker reden,

als hätten sie etwas

zu sagen.

· · ·

Auf etwas zu verzichten

ist oft eine gute Lösung,

aber nicht immer die beste.

· · ·

Manchmal braucht man

viel Humor, um ein bisschen

über das lachen zu können,

was manche für Humor halten.

Dass alles zusammenhängt,

ist kein Trost, wenn man

in der Luft hängt.

·   ·   ·

Übertriebene Menschenliebe

ist eine Freiheitsberaubung.

·   ·   ·

Eine Tatsache,

die auf der Hand liegt,

lässt sich nicht mehr

unter den Teppich kehren.

·   ·   ·

Wer sich zu gut kennt,

tut sich mit sich selber

schwerer.

Gedankenlose Menschen

haben ein loses Verhältnis

zu ihren Gedanken.

    ❀ ❀ ❀

Was uns überwältigt,

ist nicht leicht

zu bewältigen.

    ❀ ❀ ❀

Die Natur

löst ihre Probleme

auf natürliche Art und Weise.

    ❀ ❀ ❀

Wer seine Schwächen kennt,

muss stark sein.

Die Besserwisser kommen

aus der Schule

der Ahnungslosigkeit.

· · ·

Geglückte Annäherungen

können Grenzen verschieben.

· · ·

Was wir absichtlich

nicht sagen, ist nicht

ohne Bedeutung.

· · ·

Wer dauernd auf dem

Laufenden sein will,

hat keinen Anspruch

auf Ruhezeiten.

Wer die anderen immer
übertreffen will, ist bei ihnen
über kurz oder lang
unten durch.

* * *

Mehr als 7 Milliarden Menschen –
das ergibt mehr als 7 Milliarden
Standpunkte.

* * *

Unser Schweigen sagt manchmal
sehr viel, aber meistens
doch viel zu wenig.

* * *

Das Unverbindliche
verbindet uns
nur notdürftig.

Alte Fehler besuchen uns

liebend gern.

*   *   *

Zu manchen Menschen

kann man keine Brücke bauen –

da ist ein Umgehungsweg

Ziel führender.

*   *   *

Wenn wir unseren eigenen

Weg gehen, dürfen wir

nicht erwarten, dass uns

andere entgegen kommen.

*   *   *

Manche Leute machen sich

viele Gedanken, genauer

gesagt: Hintergedanken.

Der Himmel geht
in alle Richtungen.

❀ ❀ ❀

In der Natur gibt es
viel mehr krumme Linien
als gerade.

❀ ❀ ❀

Eine Absicht
ist noch lange
keine Einsicht.

❀ ❀ ❀

Was sich von selbst
versteht,
muss man gar nicht
verstehen.

Auch das Falsche

kann man falsch

verstehen.

* * *

Wer seinen eigenen Weg geht,

betritt unbekanntes Gebiet.

* * *

Manches hat begonnen,

bevor wir es merken –

und manches ist bereits

zu Ende, bevor wir es

bemerken.

* * *

Von der Natur

können wir

das Warten lernen.

Wenn alles seinen Gang geht,

läuft alles wie geschmiert.

* * *

So wie die Dinge liegen,

stehen wir vor

großen Herausforderungen.

* * *

Die Dummheit

ist wenigstens nicht

berechenbar.

* * *

Es macht Kopfschmerzen,

wenn das Herz ja

und der Verstand nein

sagt.

Es gibt Träume,

die uns die Augen

öffnen.

❀ ❀ ❀

Über Banalitäten

wird wesentlich

zu viel geredet.

❀ ❀ ❀

Pessimisten fürchten,

dass alles gut wird.

❀ ❀ ❀

In der Stille

steht die Zeit

eine Zeitlang

still.

Der Zufall ergibt sich –

oder auch nicht.

      •   •   •

Eine Überflussgesellschaft

ist immer auch eine

Verschwendungsgesellschaft.

      •   •   •

Wer Unsinn sät,

darf nicht erwarten,

etwas anderes

ernten zu können.

      •   •   •

Starke Gefühle

erwischen uns oft

auf dem falschen Fuß.

Nichtskönner

tarnen sich gerne

als Alleswisser.

      ✴   ✴   ✴

Was uns überhaupt

nicht liegt,

setzt uns zu.

      ✴   ✴   ✴

Auch Menschen,

die zu uns gehören,

gehören nicht uns.

      ✴   ✴   ✴

Nicht alles,

was zu Wort kommt,

kommt auch zum Zug.

Wenn sich ein Ziel

in Luft auflöst,

war der Weg

nicht Ziel führend.

Was wir hören,

hilft uns sehen.

Wer keine Wurzeln hat,

hängt in der Luft.

Der goldene Mittelweg

wird immer schwieriger,

es gibt dort immer mehr

Großbaustellen.

Wer schweigt,

kann nicht beim Wort

genommen werden.

                        Sinnsucher sind anfällig

für jede Form

von Unsinn.

Die Grenze zwischen

lustig und nichtlustig

ist eine ernste Angelegenheit.

Hat man kein Ziel,

kann man sich gar nicht

verlaufen.

Die Kleidung mancher Leute

deutet darauf hin,

dass sie sich in der eigenen Haut

nicht wohl fühlen.

* * *

Wer sich gehen lässt,

läuft Gefahr,

sich zu verlaufen.

* * *

Vorurteile wollen gar nicht,

dass man sich Gedanken

über sie macht.

* * *

Nichtskönner können es

einfach nicht besser.

Moralapostel

halten sich für Götter.

※ ※ ※

Auch Gefühle

haben ein Gedächtnis.

※ ※ ※

Die Wahrheit kann

nichts dafür, dass sie

viele nicht wahrhaben

wollen.

※ ※ ※

Manchen Menschen

kommt man nur nahe,

wenn man ein Stück

zu weit geht.

Die Fragen unserer Zeit

machen mir keine Angst,

die Antworten zum Teil schon.

* * *

Der Erfolg

gibt nur jenen recht,

die Erfolg haben.

* * *

Eine Einsicht

sagt mehr

als tausend Worte.

* * *

Es ist keine Kunst,

flüssig über Überflüssiges

zu reden.

Beziehungen ohne sicheres

Fundament stehen immer

auf wackeligen Beinen.

* * *

Was man andenkt,

ist noch lange nicht

ausgedacht.

* * *

Es gibt Gedanken,

die lassen uns einfach

nicht mehr los.

* * *

Sind unsere Gefühle

eigentlich mit unseren

Gedanken verwandt?

Die Versuchung,

dort zu suchen,

wo man nichts zu suchen hat,

kann zur Sucht werden.

* * *

Das letzte Wort

hat das Schweigen.

* * *

Staub aufwirbeln

und sich dann schnell

aus dem Staub machen –

das ist nicht fair.

* * *

Es ist viel mehr denkbar,

als wir denken.

Entscheidungsfrage:

Wollen wir unsere Umwelt

schützen – oder wollen wir uns

vor unserer Umwelt schützen?

         ●   ●   ●

                        Der Zufall

               ist ein Wandervogel.

         ●   ●   ●

Auch was ins Rollen kommt,

kommt irgendwann

und irgendwo zum Stillstand.

         ●   ●   ●

Was uns gleichgültig ist,

brauchen wir nicht

zu fürchten.

Gedanken,

die etwas hergeben,

sollten wir nicht

für uns behalten.

         *   *   *

Manche Ereignisse

kommen auf Raten.

         *   *   *

Gegenwind stärkt

unsere Wurzeln.

         *   *   *

Wenn uns Ziele im Weg stehen,

sollten wir einen anderen Weg

gehen oder ein anderes Ziel

wählen.

In den Gehirnen

berechnender Zeitgenossen

befinden sich die Hintergedanken

vorne.

         ☙   ☙   ☙

Absichten verstecken sich

mit Vorliebe hinter Ansichten.

         ☙   ☙   ☙

Hohle Gedanken

fühlen sich in leeren Köpfen

bestens aufgehoben.

         ☙   ☙   ☙

Wer gut mit sich umgehen kann,

befindet sich auch allein

in bester Gesellschaft.

Wer keine eigene Meinung hat,

ist nur äußerst schwer

zu überzeugen.

Wenn es bergab geht,

läuft alles wie von selbst.

Wer mit seinen Freiheiten

nichts anzufangen weiß,

sehnt sich nach Befehlen.

Was wir denken,

reden und tun,

ist nicht einerlei,

sondern zweierlei

oder dreierlei.

Auch was wir hören,

kann uns die Augen

öffnen.

          ❀   ❀   ❀

Nur was uns berührt,

geht uns nahe.

          ❀   ❀   ❀

Der Horizont

ist vom Standpunkt

abhängig.

          ❀   ❀   ❀

Wenn man

einiges übersieht

und einiges überhört,

lebt man um einiges

ruhiger.

Auch was durch die Blume

gesagt wird,

kann eine Lüge sein.

* * *

Gegen manche Geschenke

helfen nur Gegengeschenke.

* * *

Manchmal ist es besser,

einen Menschen nicht

ernst zu nehmen, weil man

sich sonst über ihn

ärgern müsste.

* * *

Man kann Enttäuschungen

auch herbeireden.

Sich zu spät ärgern,

ist besser als zu früh.

⁂

Es lohnt sich,

dass man sich

gelegentlich belohnt.

⁂

Ein Problem

zu verwässern,

ist nie eine gute Lösung.

⁂

Eine Frage, die man sich

gelegentlich stellen sollte:

Wie geht es mir

mit mir?

Schuld an den Irrwegen

sind die Ziele.

* * *

Die Aufforderung „denk-mal!"

ist für immer mehr

eine glatte Überforderung.

* * *

Ratschlag für Pessimisten:

Man soll den Tag

nicht vor dem Abend

tadeln.

* * *

Ein halber Apfel

schmeckt genauso

wie ein ganzer.

Es ist eine Anmaßung,

nur unser Maß

gelten zu lassen.

* * *

Was uns

zu schaffen macht,

gibt uns viel zu denken.

* * *

Schwierig:

Meine Gedanken

sind nicht immer

meiner Meinung.

* * *

Selbst die Erde

hat blaue Flecken.

Es spielt eine große Rolle,

wer in unserem Leben

die Hauptrollen und wer

die Nebenrollen spielen darf.

※ ※ ※

Wenn wir ein Ziel erreichen

wollen, dürfen wir uns

nicht gehen lassen.

※ ※ ※

Stimmt die Richtung

in unserem Leben, haben wir

bereits einiges richtig gemacht.

※ ※ ※

Was wunderbar ist,

ist noch kein Wunder.

Wer die Natur studiert,

lernt sich auch selbst

kennen.

* * *

Wer gewinnen will,

muss verlieren können.

* * *

Optimisten glauben

fest daran, dass die Zukunft

besser als die Gegenwart

sein wird.

* * *

Wo die Profitgier einzieht,

wandert die Menschlichkeit

aus.

Es sind wichtige Entscheidungen,

für wen wir unser Herz öffnen

oder verschließen.

❖ ❖ ❖

Was nur Spaß machen muss,

ist meistens nicht mehr

als ein billiges Vergnügen.

❖ ❖ ❖

Wer vordenkt,

kann schon erahnen,

was sein wird.

❖ ❖ ❖

Nicht einmal die Dummheit

ist so dumm, dass man nichts

aus ihr lernen könnte.

Dumm ist auch,

wer mit viel Wissen

nichts anzufangen weiß.

※ ※ ※

Auch wenn man genau weiß,

was man nicht will, sollte

man es nicht übertreiben.

※ ※ ※

In der Stille

hört man mehr.

※ ※ ※

Gibt es einen Weg,

auf dem man sich

aus dem Weg

gehen kann?

Menschen,

die die gleichen Vorurteile haben,

kommen meistens recht gut

miteinander aus.

* * *

Das Leben ist gar nicht so kurz,

wenn man die langweiligen Zeiten

dazuzählt.

* * *

Das richtige Maß

ist immer auch

eine Ermessenssache.

* * *

Fehlt der Überblick,

übersieht man

leicht etwas.

Je mehr man sich

von den anderen erwartet,

desto weniger gibt man

von sich.

* * *

Das Nichts ist eine große

Fundgrube, falls man

nichts sucht.

* * *

Menschen, die alles besser wissen,

erkennt man daran, dass sie

pausenlos Ratschläge geben.

* * *

Beschleunigung

ist immer auch eine Art

Flucht nach vorne.

Will man einen Traum
loswerden, braucht man ihn
lediglich zu verwirklichen.

* * *

Nur wer Begeisterung
ausstrahlt, kann andere
mitreißen.

* * *

Das Interessanteste
an manchen Leuten
sind ihre Dummheiten.

* * *

Humorlose Menschen
lächeln höchstens
auf Fotos.

Hellhörige Menschen

reagieren sensibel

auf dunkle Gedanken.

※　※　※

Unterlaufen dem glücklichen

Zufall auch gelegentlich

Fehler?

※　※　※

Geht man in sich,

weiß man nie,

was dabei herauskommt.

※　※　※

Negative Gedanken

sind Wegbereiter

für negative Gefühle.

Das Einzige, das gefühllosen
Leuten unter die Haut geht:
Essen und Trinken.

⚬ ⚬ ⚬

Wir sollten es anderen
nicht verdenken, dass
auch sie sich manchmal
verdenken.

⚬ ⚬ ⚬

Die meisten Menschen
halten sich für Dummheiten
zu gescheit.

⚬ ⚬ ⚬

Wer immer mit der Zeit
gehen will, muss immer
auf dem Laufenden sein.

Ein Zuviel des Guten

ist nicht gut,

ein Zuwenig des Guten

ist schlecht.

* * *

Wo das Verstehen

nicht ausreicht,

muss das Verständnis

einspringen.

* * *

Gleichgültigkeit führt

zu Gesinnungslosigkeit.

* * *

Wer zu viel von sich preisgibt,

kann leicht missverstanden

werden.

Ein gesundes Selbstbewusstsein

ist ein guter Schutz gegen

die Selbstunzufriedenheit.

* * *

Was wir spielerisch leicht

schaffen, nehmen wir

meistens nicht sehr ernst.

* * *

Wie heißt es richtig?

Eltern haften für ihre Kinder!

oder:

Eltern haften an ihren Kindern?

* * *

Wissen allein

macht nicht gescheit.

Die Auseinandersetzung

mit der Welt beginnt

in unserem Inneren.

❀   ❀   ❀

Herzlichkeit

ist nicht kopierbar.

❀   ❀   ❀

Die einen bilden sich

eine Meinung,

die anderen bilden sich

eine Meinung ein.

❀   ❀   ❀

Über das, was man hat,

denkt man anders

als über das,

was einem fehlt.

Käufliche Menschen
braucht man nicht
bestechen.

* * *

Die Wahrheit ist immer
fragwürdig.

* * *

Das Leben wird zu einem
Herzensanliegen,
wenn einem vieles
am Herzen liegt.

* * *

Solange wir etwas
zum Lachen haben,
ist noch nicht alles
zum Heulen.

Im Umgang mit Wichtigtuern

tut ein gesundes Maß an Ignoranz

richtig gut.

* * *

Wer immer sagt,

was er sich denkt,

muss oft seinen Kopf

hinhalten.

* * *

Ist der Kopf arbeitslos,

verblöden die Gedanken.

* * *

Unsere Grundversorgung

ist gesichert:

Es gibt sicher mehr als

genug Sorgen für alle.

Schwere Aufgaben werden

leichter, wenn man

einen Sinn darin sieht.

    ❀   ❀   ❀

Je stiller es ist,

desto lauter können

manche Gedanken werden.

    ❀   ❀   ❀

Nicht gern über Gefühle

zu sprechen, heißt nicht,

dass man Gefühle

nicht gernhat.

    ❀   ❀   ❀

Die Vergänglichkeit macht

jeden Augenblick unseres Lebens

bedeutsam und unbezahlbar.

BUCHTIPP

Herztöne: Gedichte und Gedanken

*Ernst Ferstl, BOD 2020, Hardcover, 124 Seiten,
18 Euro, ISBN: 9783749480296*

NEUE SICHTWEISE

Mit den Augen

der Hoffnung

sehen wir weiter.

Mit den Augen

des Herzens

sehen wir tiefer.

Mit den Augen

der Liebe

sehen wir weiter

und tiefer.

Menschen,

die es verstehen,

uns zu verstehen,

sind Geschenke

des Himmels.

Eine harmonische

Beziehung braucht

eine Mischung

von Geborgenheit

und Freiheit.

AKTUELLE ERNST FERSTL APHORISMENBÄNDE:

2014: "**Ausgedrückte Eindrücke**", BOD

2015: "**Punktgenau**", BOD

2017: "**Wenn ein Wort sitzt,
        kann man es stehen lassen**", Bellaprint V.

2018: "**Andenken**", BOD

2018: "**Denkwege**", BOD

2019: "**Denkworte**", BOD

2019: "**Übrigens**", BOD

2020: "**Sozusagen**", BOD

ERNST FERSTL

HP: www.gedanken.at

E-Mail: ernstferstl@aon.at

Geb. 1955 in Neunkirchen (Niederösterreich),
    lebt mit seiner Familie in Zöbern/Bucklige Welt,
    Lehrer an der HS und NMS in Krumbach,
    in Pension.

Schreibt Aphorismen, Gedichte und Kurztexte.

Veröffentlichte bisher mehr als 30 Bücher
    in österreichischen und deutschen Verlagen.